Vietnam

Parfums d'Asie

Marie-Annie Gouret et Roger Puillandre

- 2e édition -

ISBN : 978-2-915002-26-3

Un regard sur notre monde

Collection dirigée par Michel Salaün

Déjà parus dans la même collection :

SCANDINAVIE, l'Europe des grands espaces

TRANSSIBÉRIEN, voyage dans un train de légende

CHINE, le réveil de l'Empire

BRÉSIL, rencontre avec un géant

RUSSIE, au fil de l'eau et de l'histoire

ROUMANIE, notre sœur latine

JORDANIE, grandeur du petit royaume

OUZBÉKISTAN, au cœur des Routes de la Soie

OUEST AMÉRICAIN, grandeur nature

PÉROU, Terra Andina

MONGOLIE, un été au Pays du Grand Ciel

CROATIE, douceur Adriatique

ALASKA, entre rêve et nature

65, rue de Lyon
29200 BREST

Pour Marie-Andrée et Jean-Hervé, pour qui le quotidien est un voyage difficile en 2008.

Le voyageur hâtif ou trop sûr de lui reste étranger à l'Asie. Mais, à se laisser tenter par les odeurs, séduire par ce climat, cette atmosphère spirituelle et sensuelle, un autre monde apparaît dans les rencontres, nous imprègne de ses parfums indescriptibles et nous transforme.

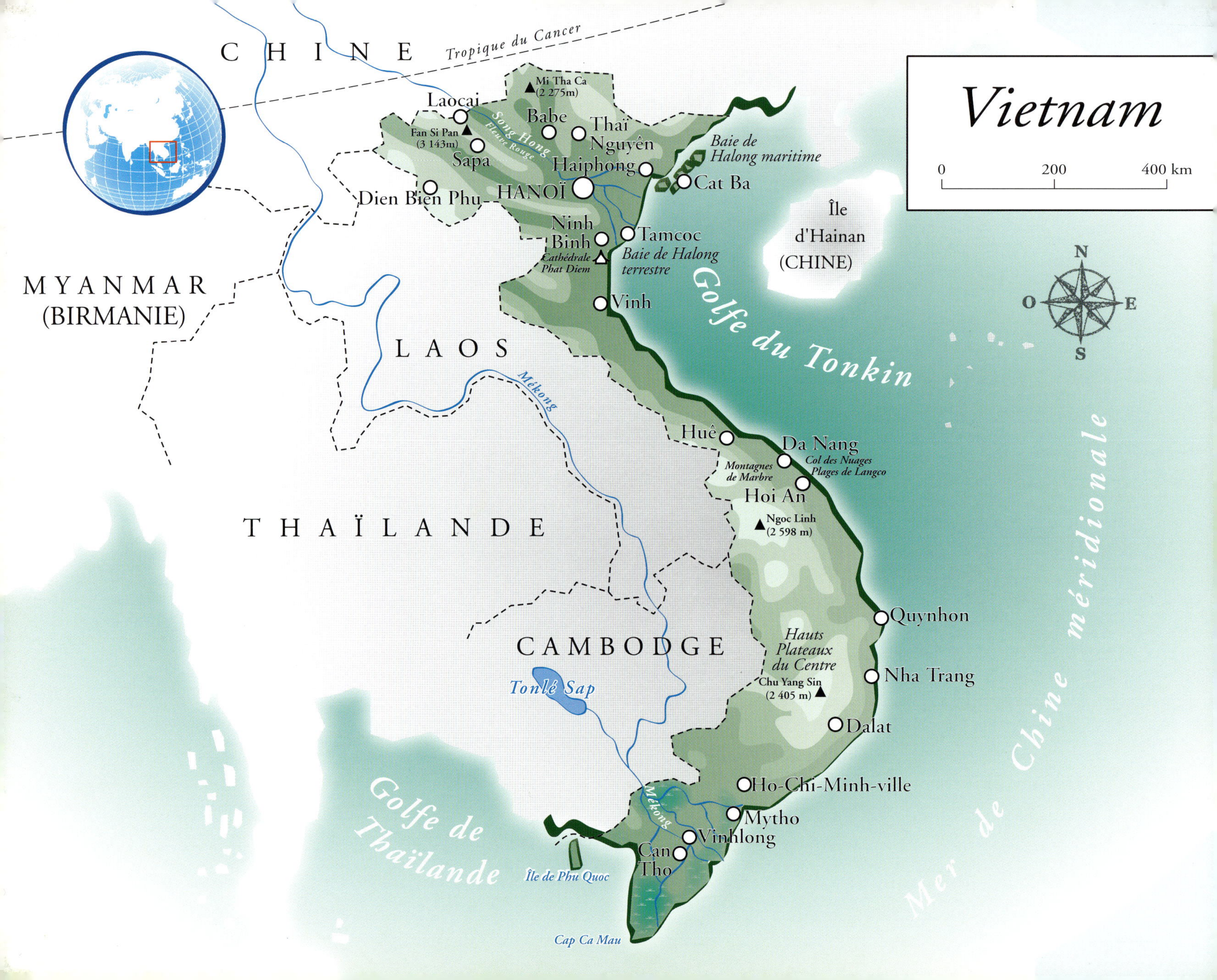
Vietnam
0 200 400 km
CHINE
Tropique du Cancer
MYANMAR (BIRMANIE)
LAOS
THAÏLANDE
CAMBODGE
Île d'Hainan (CHINE)
Golfe du Tonkin
Golfe de Thaïlande
Mer de Chine méridionale
N
O
E
S
Mi Tha Ca (2 275m)
Laocai
Fan Si Pan (3 143m)
Sapa
Song Hong
Fleuve Rouge
Babe
Thaï Nguyên
Haiphong
Baie de Halong maritime
Cat Ba
Dien Bien Phu
HANOÏ
Ninh Binh
Tamcoc
Cathédrale Phat Diem
Baie de Halong terrestre
Vinh
Mékong
Huê
Da Nang
Montagnes de Marbre
Col des Nuages
Plages de Langco
Hoi An
Ngoc Linh (2 598 m)
Quynhon
Hauts Plateaux du Centre
Nha Trang
Chu Yang Sin (2 405 m)
Dalat
Tonlé Sap
Ho-Chi-Minh-ville
Mytho
Vinhlong
Can Tho
Île de Phu Quoc
Cap Ca Mau

Entre Tropique du Cancer et Équateur…

Se déroule un serpent… ou un dragon ? Du mot Vietnam surgissent rubans de rizières, chapeaux coniques, cités impériales, marionnettes sur l'eau, magie d'Extrême-Orient mais aussi les images terribles des tragédies guerrières récentes. Aujourd'hui la guerre est finie, l'Indochine est lointaine et une frénésie capitaliste récente agite le pays. Sage, le Vietnam a d'autres soucis que celui des revanches militaires et, dans l'actuelle complication du monde, il offre aux voyageurs un dépaysement merveilleux, une hospitalité souriante et peu de risques liés à l'insécurité.

Les courageuses paysannes du Delta du Mékong, en rangée de chapeaux coniques, moissonnent les rizières.

Long et étroit, il s'étend sur 1 600 km de côtes, en trois régions distinctes : le delta du fleuve Rouge au nord, la cordillère Annamitique au centre et le delta du Mékong au sud, avec une population de 85 millions d'habitants environ, composée d'une mosaïque de 54 ethnies.
La façade maritime et les deltas sont densément peuplés, tandis que les montagnes et forêts luxuriantes, moins habitées, restent un refuge pour une faune exceptionnelle, présente en dépit des ravages de la guerre et de la déforestation galopante.

La nature aussi bien capricieuse que généreuse a inscrit le Vietnam dans une région de climat tropical exposée aux moussons et aux typhons. Les terres alluvionnaires offrent jusqu'à 3 récoltes de riz annuel, le réseau hydrographique dense permet cultures variées et pisciculture. Ce sont dans les deltas et sur les Hautes Terres que selon la légende vietnamienne, le seigneur des dragons, Lac long Quan, épousa la princesse de la montagne au Co dans la Baie d'Ha Long. De nature différente, ils se séparèrent, la princesse rejoignant les montagnes avec cinquante de leurs enfants, le dragon des eaux, peuplant avec les cinquante autres, le monde des rivières et des côtes.

La longue histoire du Vietnam, lieu de rencontre des cultures indienne, chinoise, européenne, américaine, permet de mieux saisir la finesse de l'âme vietnamienne. Chaque étape témoigne de l'ingéniosité et de la patience de ce peuple, farouchement attaché à son indépendance et à sa souveraineté.

La découverte des vestiges datant des rois Hung atteste l'existence de la nation Van Lang au début de l'âge de bronze. Pendant les siècles suivants, les Vietnamiens luttent contre la domination chinoise. Le pays s'agrandit et augmente son influence au détriment du Champa, son voisin au sud, un État jadis très puissant.
Nguyen Anh se proclame empereur en 1802 et baptise le pays Viêt Nam.
1887, l'Union Cochinchinoise est en vigueur, les colons français modernisent le pays.

Les tours de briques ocre témoignent de la puissance du royaume disparu du Champa (ici à Di Tu Tri).

1930, Nguyen Ai Quoc, c'est-à-dire Ho Chi Minh, fonde le Parti Communiste Vietnamien transformé ensuite en Parti Communiste Indochinois et organise dès 1945 la résistance anticolonialiste. La victoire historique de Dien Bien Phu en 1954 libère la moitié du pays. Au Nord, la République Démocratique du Vietnam s'engage à la reconstruction du pays pendant que les patriotes du sud, pendant 20 ans, continuent de lutter contre l'agression américaine.

En 1975, le Vietnam est réunifié et la République Socialiste du Vietnam proclamée. Des années d'isolement et d'appauvrissement se prolongèrent jusqu'en 1986, quand le Vietnam ouvrit ses portes avec le *Doi-Moi*, la rénovation économique.

Le Vietnam d'aujourd'hui ne ressemble plus aux clichés d'un pays dévasté par la guerre. C'est un immense chantier en construction. *« Rien n'est plus précieux que l'indépendance et la liberté »* disait Ho Chi Minh.

Les bouleversements de société ne modifient pas la sensibilité des habitants. Le culte des ancêtres illustre bien ce qui structure la mentalité asiatique : respect de la famille, du passé, maîtrise de soi, sens du travail, partage. Pluriethnique, le Vietnam a aussi hérité de trois grandes philosophies religieuses — confucianisme, taoïsme et bouddhisme — qui se pratiquent souvent mélangées aux croyances populaires. Le christianisme est aussi présent depuis 1615.

Les batelières de Tam Coc rament habituellement avec les pieds (Baie d'Ha Long Terrestre).

La fête du Têt est la date la plus importante du calendrier vietnamien. Les familles se rassemblent et accueillent les esprits de leurs ancêtres. Cette période de fête est source de difficultés de transport, de logement, de coût de nourriture : tout le pays se déplace !

Pour comprendre le Vietnam contemporain, il s'agit de se fondre dans cette mobilité, accepter de goûter la saveur du temps si différent.
La terre des chemins est souvent rose, bordée de bananiers, de manguiers, de palmiers. Des enfants se balancent dans les hamacs. Une jeune femme, guidant les gestes de sa fillette, lui apprend à ciseler un ananas. Tous les mouvements sont d'une absolue nonchalance, pas un relâchement mais une grâce précise, une angulaire perfection.
Plus loin, une porteuse de palanche s'avance avec la souplesse d'une équilibriste. L'âme vietnamienne se révèle joueuse et grave, tendre et solide, efficace et charmante.

Xin chào, bienvenue au Vietnam !

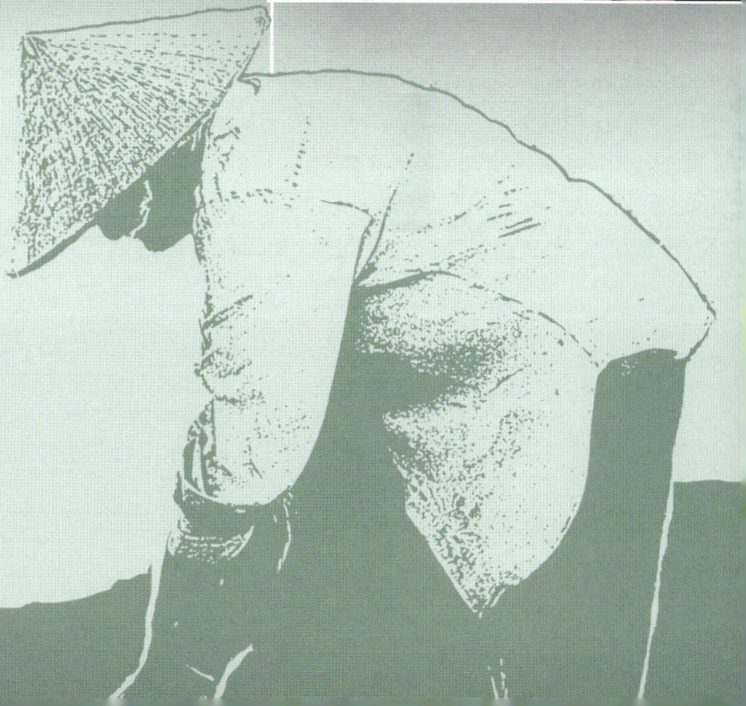

Ho-Chi-Minh-Ville, le tourbillon des deux-roues

La foule en deux-roues est un spectacle à chaque carrefour !

Vu du ciel, le pays du dragon semble bien tranquille, avec ce fleuve Mékong qui pénètre en labyrinthe dans ces rizières posées en radeau. 5 h 35 du matin, après une nuit de 10 000 km en avion vers l'est, notre arrivée est annoncée par une très élégante hôtesse portant la tenue traditionnelle en soie vive, *l'ao dai*.
HCMV, une nouvelle marque dernier cri dans notre quête de modernisme ? Rebaptisée en 1976 par le gouvernement communiste, Ho-Chi-Minh-Ville survit discrètement dans le cœur de ses 8 millions d'habitants comme l'exubérante Saigon, capitale en 1862 de la colonie de Cochinchine, capitale en 1954 de la République du Sud-Vietnam, la plus grande ville et premier port fluvial du pays.

Les bicyclettes des marchands ambulants se glissent dans la circulation trépidante des motos et scooters.

À la descente de l'avion, la moiteur enveloppante de la légendaire perle de l'Extrême-Orient nous étreint dès les premiers pas. Appareils photos et carnets de route sont vite sortis, déjà nous sommes happés par le tourbillon asiatique.
Une profusion de vélos, de motocyclettes, de cyclo-pousse *xich lo* — sorte de taxi à pédale — et de voitures, souvent japonaises, transforme la traversée des rues effervescentes en véritable aventure. Notre guide, Thanh Jo, nous apprend à sillonner entre ces millions de motos bruyantes où se cramponnent, souriants, jusqu'à cinq personnes. Les conducteurs décontractés, en nous effleurant de leur main au passage, nous encouragent à explorer leur ville sans inquiétude exagérée.
Tourbillon fascinant de mobylettes pétaradantes

Le transport est un défi permanent.
Quatre passagers, que ce soit la famille ou les porcs vivants , pas de problème !

qui transportent aussi bien des porcs ou des poulets vivants qu'un arbuste, une épicerie variée de récipients chinois très colorés, des bouteilles de gaz adroitement empilées, des grappes de marchandises inattendues. Quelle ingéniosité !
Bouillonnante, agitée, affairée, la foule installée sur les trottoirs fait la dînette avec tables et chaises en plastique vivement coloré.

Foule également présente devant les boutiques chics ou dans les quartiers « high-tech » car Ho-Chi-Minh-Ville cultive les facettes modernisme, luxe et marchés populaires sans retenue. La ville attire des populations espérant s'enrichir grâce à la croissance économique explosive. Cette foule jeune — environ 80 % ayant moins de 40 ans — n'a pas vécu les trente-cinq années de guerre incessante avant 1975

La Cathédrale Notre-Dame (Nha Tho Duc Ba), en briques rouges, fut consacrée en 1880.

Les immeubles modernes côtoient la Poste Centrale, dont la voûte métallique a été conçue en 1891 par Gustave Eiffel.

et apprécie les récentes mesures de libéralisation économique, les *Doi Moi* (réformes économiques). Elle tente d'ignorer la propagande communiste (inffluence ressentie surtout dans les musées, sur les bâtiments officiels ou les affiches).

Le Vietnam moderne est dans une course effrénée vers le futur, les motos, les téléphones mobiles, les minijupes, internet : la soif de consommer de la jeune génération côtoie le culte des ancêtres, les convictions politiques, les prières en pagodes. Pourtant, au moins un tiers des habitants vivent à HCMV sans le *ho khau* — sorte de certificat de résidence — et sans les papiers nécessaires ils ne pourront acheter une maison ou posséder une affaire.

Notre guide nous fait remarquer les conducteurs âgés de cyclo-pousse dans leurs vêtements usés, leurs sandales tachées de goudron, excellents connaisseurs de la ville et instruits. C'étaient principalement des médecins, des enseignants ou des journalistes qui, pour avoir choisi le camp ennemi pendant le conflit, ont été envoyés en camp de rééducation et ne peuvent retrouver leur métier. Aux abords du marché Bên Thành ou près de la cathédrale Notre-Dame, ils sont nombreux à trouver une brèche dans la circulation chaotique. Ils nous conduisent vers les édifices élégants du centre (le district de Saigon) le théâtre, l'hôtel de ville, la poste centrale ou le Palais de la Réunification.

Les hommes s'installent dans la rue pour partager repas ou jeux de cartes.

Pour le voyageur, les rues marchandes sont une invitation à la nonchalance , à la curiosité. Pour les Vietnamiens, le travail est incessant.

Étourdis par cette vitalité ambiante, assoiffés par les 37° (on touche la chaleur comme on touche l'eau d'un bain), affamés par le décalage horaire (6 heures en novembre, 5 heures en avril, deux périodes intéressantes pour sillonner le Vietnam), nous cherchons de quoi nous restaurer. Dans ce paradis culinaire, le choix est difficile !

Un *com pho binh dan* — restaurant populaire de riz-soupe — nous accueille. En quelques minutes, à peine installés, la commande est prise, le riz sauté *com chiên* déjà dans le bol, le *hu tieu* servi brûlant. Après avoir essuyé avec un sopalin local les baguettes de bambou à disposition de tous sur la table, nous préparons, initiés par notre guide, le mélange citron-poivre-sel-piments rouges indispensable ! Quel plaisir ! En guise de dessert, la nature compose ici des sorbets compliqués et savants. Chaque fruit offre des saveurs précieuses comme enfermées les unes dans les autres. La mangue, bien mûre, a un goût de gelée raffinée, abricot-pêche. L'ananas est découpé en spirales délicates.

Plus loin, le marchand de baguettes françaises s'est installé : le pain est un aliment apprécié au Vietnam. Tout comme les infrastructures importantes (construction de ports, de ligne ferroviaire, équipements sanitaires, irrigation, travaux d'urbanisation) qui ont été développées pendant la période française de Cochinchine.

LongPie
- BÁN LẺ THUỐC LÁ
BÁNH KẸO CÁC LOẠI
29-V8
9620

Cuisine de rues, cuisine de princesses

De la gargote animée aux restaurants feutrés de la jet-set saigonaise, la cuisine est un art national. Le plat le plus habituel est le *pho*, bouillon de viande aux nouilles de riz et à la viande. La recette est proche de notre pot-au-feu : dans une grande quantité d'eau, on fait bouillir des os de bœuf et de porc, avec du nuoc-mâm, du gingembre, de la coriandre, des oignons et de la badiane. On laisse mijoter environ 5 heures, au dernier moment, on ajoute des fines tranches de bœuf cru, des rondelles d'oignon, de la menthe, du basilic et du poivre parfumé du Vietnam. Les échoppes éparpillées aux coins des rues offrent des tables improvisées et servent une cuisine savoureuse, préparée sous nos yeux. Pour attendre, un thé vert non sucré, une bière légère, héritage de la colonisation, ou un délicieux café sont conseillés.

Le riz est coulé dans une tige de bambou, emportée comme pique-nique au travail et dégustée pelée comme une banane.

Principal condiment local, le nuoc-mâm est une saumure élaborée à partir d'anchois salés et mise à fermenter en tonneau pendant 6 mois. Avec du piment pilé, du jus de citron vert, de l'ail haché et un peu de sucre, il sera appelé nuoc-cham et utilisé pour les pâtés impériaux.

Les Vietnamiens ont, paraît-il, gagné la guerre contre les Américains avec le nuoc-mâm et les bicyclettes, protéines et mobilité.

Le repas, souvent frugal, composé d'un bol de riz à la sauce de poisson, de salade verte et herbes aromatiques, devient un festin composé de plats yin yang. Ils associent le chaud-froid, le moelleux et le croustillant, le sec et l'humide, le fade et l'épicé, les viandes et les parfums.

Les plats arrivent sur la table, sans ordre particulier (la serveuse les apporte quand ils sont cuisinés, rien n'est préparé à l'avance) le riz, le cha gio (nem dans le nord du pays), du porc, du crabe, de la crevette, des calamars, tout une ribambelle de préparations complexes, agrémentées de nuoc-mâm et d'herbes aromatiques, piment, gingembre, etc.

Les influences chinoises ont fait de tout ce qui rampe ou marche un gibier convoité : « tout ce qui a quatre pattes sauf la table, se déguste » dit Thanh Jo, rieur. La cuisine de serpent, singe, porc-épic, écureuil, tortue, chien et chat rôtis est réputée.

Il nous reste à goûter le chum, alcool de riz, paré des vertus médicinales. Il est souvent proposé au café, caché dans une mini-bouteille d'eau minérale.

Cholon et Saigon, flâneries de quartier

Ho-Chi-Minh-Ville est divisée en districts dont lcs plus connus sont Saigon ct Cholon.
Un demi-million de Vietnamiens d'origine chinoise habitent le quartier de Cholon où le commerce est roi. Le voyageur le plus ignorant des choses du négoce ne peut manquer de saisir à Cholon la souplesse et l'ingéniosité du commerce chinois. On parle surtout de commerce de gros où s'échangent les riz du Mékong ou encore le matériel électronique débarqué de Chine.
Lorsque nous déambulons dans les rues du marché Binh Tay, nous pensons à ces boîtes russes enfermées les unes dans les autres. On ouvre et on cn trouvc toujours unc plus petite, ainsi le commerce chinois se révèle aussi bien par ses applications infinitésimales que par de grosses affaires. Le marchand des rues ne mendie pas, il propose le contenu de sa palanche, du panier et de la caissette au tonneau, on arrive aux bureaux et à la société anonyme !

Notre guide aujourd'hui est Van, médecin acupuncteur et guide selon les jours. Elle travaille tous les jours de la semaine ! Elle nous ouvre quelques clés de ce Cholon, autrefois lieu des plaisirs nocturnes, des tripots tumultueux où des jeunes chanteuses fardées, aux pieds bandés, préparaient l'opium pour les riches chinois, fervents joueurs de dominos.

Dans les boutiques d'objets rituels religieux se vendent des papiers d'or et d'argent, espèces sonnantes de pacotille, qui sont brûlés pour le culte des morts.
Cette symbolique des papiers votifs est une représentation des choses de la vie, on offre des souliers et robes de papier ornés de dorures imitant la broderie pour que le disparu ne manque de rien dans l'au-delà. Le temple Thien Hau, dédié à la déesse de la mer, protectrice des marins, fut construit en 1835 par les Cantonais. Devant l'autel, des femmes allument chacune un paquet de papiers rituels aux cierges minuscules de l'autel, s'agenouillent jusqu'à toucher les dalles de leur front, traversent l'espace en portant leur torche flambante comme une fleur de feu et la jette dans une grande cuve de fer. Au moment de la fête du Têt, les célébrations sont nombreuses. La veille du Nouvel An lunaire, on incinère ainsi, en famille, les objets en papier offerts aux ancêtres pour honorer leur mémoire.

Chaleur intense de brasier dans la torpeur moite de Cholon, ce temple a été aussi le lieu où les *boat people* des années 1980 ont demandé protection à la divinité avant leur départ désespéré. Van nous accompagne dans un cabinet de médecine traditionnelle où nous observons des préparations inattendues : des ailerons de requin comme aliment reconstituant, l'hippocampe contre l'asthme, des viscères de poisson très nutritifs, des vessies, des algues de mer rares, toute une pharmacopée dont les noms chinois gardent pour nous leur mystère.

Macération de cobra et serpent vert dans de l'alcool : un excellent aphrodisiaque réservé aux hommes !

Plus loin, des jeunes femmes préparent avec dextérité une reconstitution de nid de cet oiseau proche du martinet ou hirondelle de mer, la réputée salangane.
Une femme enlève les poussières du nid et recrée en bol le nid d'algues construit avec la salive de l'oiseau. C'est paraît-il un mets délicat et fort onéreux, les dénicheurs prenant des risques pour le trouver car le nid est caché dans des grottes et hautes falaises de bord de mer.
Sous un ciel du soir, étouffé, lourd en couleur, chargé d'épais nuages laineux, nous flânons sur les trottoirs du district de Saigon. Des serpents verts, des iguanes vivants, entassés dans des vivariums, sont à vendre pour les macérations ou le plaisir de leur compagnie.
Devant une boutique de cages multicolores habitées de colibris, perruches, perroquets, un marchand grille des vers frais, nourriture pour ces oiseaux que les Vietnamiens adorent chez eux ou comme offrande au temple.
Notre guide nous avoue que ceux relâchés au temple savent revenir chez le vendeur, attirés par l'odeur de vers grillés… c'est un commerce lucratif !
Des chi hua hua sont proposés comme chien de compagnie, minuscules, ils ne seront pas ruineux à nourrir, ni encombrants dans les étroites maisons. Chanceux, car d'autres chiens connaissent un sort bien moins agréable, une race plus grande est vendue rôtie. Destiné aux hommes uniquement à certaines dates lunaires, le chien rôti est censé assurer la virilité. Ce plat d'origine chinoise est répandu dans tout le Vietnam, les restaurants nommés *thit chô* sont spécialisés en chien et présentent en étalage extérieur des morceaux choisis, dont la tête semble recherchée.
Trois marchandes, deux enfants sont installés au trottoir, sur une natte, pour vendre trois morceaux de poisson sec. Le brasier rougeoie dans un vieux wok, elles rient, c'est la nuit. Les souffles d'air, tièdes, espacés, comme de lents coups d'éventail propagent ces parfums lourds de fleurs, animaux et victuailles juxtaposés.

Les transports insolites

Le transport, routier, ferroviaire ou fluvial est un dépaysement à part entière au Vietnam. Le réseau routier accueille une circulation intense et désordonnée où se mêlent camions lourdement chargés, autobus filant à allure vive, bicyclettes ou motos disparaissant sous les cages à poules, les sacs de riz ou l'épicerie complète ! À la saison des pluies, le bitume éclate souvent, faisant tressauter les demoiselles en talons aiguille, grimpées élégamment, amazones au visage masqué, sur un porte-bagages minuscule.

Partout, l'asphalte est encombré de vélos, piétons, buffles, troupeaux de canards trottinant et sert de terrain de jeux aux enfants, de séchoir à manioc, riz, café ou encens. Les camions signalent leur panne par un branchage en milieu de route, que chacun respecte.

La règle de base est de laisser la priorité au véhicule le plus imposant, tout en faisant un usage immodéré du klaxon pour doubler quelque soit l'intensité de la circulation.

Dans les villes, le vélo sans freins a beaucoup d'attrait. Omniprésent, le cyclo-pousse est un étrange hybride, sorte de tricycle inventé par un français, Maurice Coupeaud.

La production chinoise de motos lui fait concurrence, la pollution augmente d'autant.
Le train, très fréquenté, part le plus souvent quelques minutes avant l'heure.
L'express de la réunification parcourt 1 730 km entre Hanoï et Ho Chi Minh en 34 heures environ. Dans le compartiment couchettes, dépourvu d'échelle pour grimper à l'étage supérieur, la bonne humeur avec les jeux de cartes ou de dominos transforme le voyage en une touche d'exotisme à ne pas manquer !

Le réseau de canaux et de fleuves reste essentiel pour transporter les marchandises et commercer sur l'eau : le marché flottant est une curiosité de l'Asie. Les jonques et les sampans zigzaguent en glissant et nous bercent au rythme des chocs légers que les rames communiquent à la barque. Dans les arroyos, on dirait que la barque creuse un chemin dans les herbes et les rideaux de branchages, il faut manœuvrer adroitement pour ne pas rester bloqués dans la chaleur et les plantes basses des rives.

Delta du Mékong, le fleuve des neufs dragons

Territoire Khmer, vaste marécage couvert de mangroves jusqu'au XVIe siècle, le Delta a été aménagé en petits canaux et asséché par les premiers colons vietnamiens pour devenir le riche grenier à riz actuel. Le Mékong est l'un des plus grands fleuves au monde, du Tibet au Vietnam, il serpente sur 4 200 km, se jette en mer de Chine méridionale. Au Cambodge, il se sépare en deux bras : le Hau Giang ou Bassac (bras arrosant la ville vietnamienne de Can Tho) et le Tien Giang qui compose les bras de Vinh Long. Le fleuve est en crue entre mai et septembre et les terres enrichies d'alluvions produisent riz, fruits, canne à sucre, soja en quantité.

Mais la vie dans une plaine inondée est un véritable défi, les crues et les typhons occasionnent de nombreuses victimes, chacun cherchant un accès sur l'eau pour le commerce, en construisant des maisons sur pilotis. Des ponts de singe en bambou (*cau khi*), relient les minuscules villages aux grandes routes. De Ho-Chi-Minh-Ville à Ca Màu, les rizières sont traversées de troupes de canards, de buffles qui se baignent, laissant apercevoir des étranges courbes dressées de cornes noires hors de l'eau. La température est de bain-marie. Partout, les tombes sont dispersées dans les rizières, toujours à l'ouest.

À Mytho, nous embarquons sur l'un des bateaux attachés à un entrelacs de troncs de longaniers. L'eau est couleur crevette, des îlots de plantes aquatiques où s'emmêlent des sacs plastiques, flottent à la dérive. Le Mékong, de lac, devient labyrinthe. Nous approchons de l'île Thoi Son (île de la Licorne), dont les habitants sont à la fois pêcheurs, apiculteurs et jardi-

niers. L'île aux Vergers nous offre un repas délicieux dans un décor exubérant : du poisson à oreille d'éléphant (*tai tuong*), des fruits du dragon, des sapotiers, de la papaye, des mangues et pour la toilette, rien de mieux qu'un arrêt au lavabo installé en plein jardin.
Au bord de chaque ponton d'embarquement, des marchandes au chapeau conique, accroupies, vendent des fruits, de l'eau, des gâteaux. Nous glissons lentement le long de l'arroyo noyé de végétation, sur les plates barques de rivières menées à la godille par des femmes. Des pêcheurs cherchent les coquillages, enfoncés à mi-jambe dans la vase.

Sur les rives du fleuve, les mères lavent énergiquement les bébés ou la vaisselle, près de leur maison : cabane sur pilotis ou dans les jardins, couverte du feuillage des palmiers d'eau, enveloppées d'aréquiers. Les palétuviers baignent dans l'eau, arbres inondés.

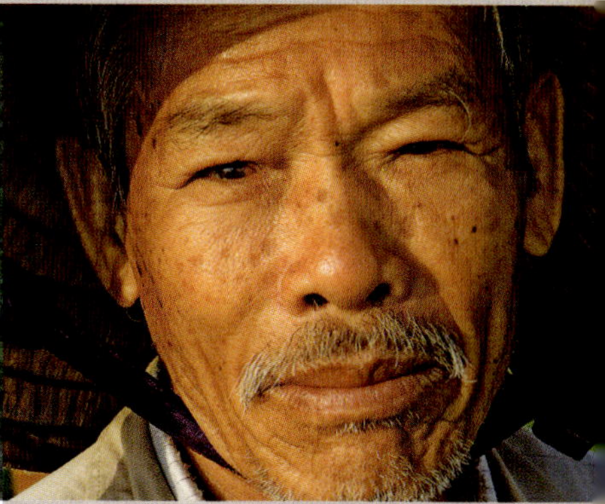

La batellerie du Delta transporte le riz et les nombreuses productions de ce sol alluvial et fertile.

Notre rameuse a décidé de nous vendre des nappes brodées, confection familiale, joli travail, elle sait commercer avec peu de mots !
À l'horizon, le canal reflète un soleil blanc, on dirait de la glace ou des plaques de mica, heureusement une brise nous rafraîchit. La nuit, les enfants et les jeunes restent tard dans la rue malgré l'école et le travail du lendemain. Ils ne rentrent dormir que lorsque la chaleur est supportable dans leurs maisons sur pilotis, bidon villes de carton et de tôles rafistolées, où l'eau courante est celle du bras du Mékong circulant en dessous, où l'électricité est absente, trop chère. La richesse vient du fleuve, alors c'est l'entassement afin de tenter de se nourrir chaque jour.

Les maisons sur pilotis de Can Tho.

Le réseau dense des canaux, des arroyos, s'observe du haut du pont à haubans, long de 1,5 km, financé par les Australiens à Vinh Long.

Nous prenons la route entre les rizières vers Vinh Long pour atteindre le fameux pont à haubans (d'une longueur d'1,5 km) qui offre une vue extraordinaire sur le delta. Mais il est interdit de stationner en haut du pont… et pour prendre des photos, nous voici grimpant malgré tout.
Le photographe attend patiemment le cliché qu'il juge le meilleur… là, il s'agit de patienter pour le passage harmonieux de jonques et sampans.
Nous rêvons de bain, il fait plus de 40 °.
Et soudain, une femme à vélo bleu s'arrête et vient proposer tout naturellement des boissons fraîches. Incroyable réactivité !

Sur les traces de *l'Amant* de Marguerite Duras, la route, poussiéreuse, bifurque vers la ville au confluent des fleuves, Can Tho sur le Bassac. Au départ de l'hôtel, le sampan attend pour la visite du marché flottant de Cai Rang, qui se tient à l'intersection de sept canaux. Les jonques côtières aux proues en bec d'hirondelle ont toutes des yeux peints à l'avant, des gros yeux pour effrayer les monstres d'eau.

Les sampans, aux petits yeux, sont couverts d'une voûte en paillote ou en bois et croulent sous les marchandises. Le soleil est comme du zénith projeté en fusion.

Étouffant ! Une barque glisse jusqu'à nous comme une araignée d'eau, c'est une vieille marchande aux gencives marquées par le bétel, la noix d'arec et la chaux rose, qui nous propose de la soupe de poisson et des gâteaux à la confiture de haricots. Nous dînons sur l'eau, avec du thé et de la bière venant d'un sampan au chargement impressionnant.

Nous aurions pu dîner du cobra ou du rat de rivière, du *te te*, curieux saurien mi-serpent, mi-lézard, de tortues, enfin de « tout ce qui a quatre pattes, sauf la table » dit malicieusement notre guide Jo Thanh !
Nous quittons le delta du Mékong en faisant halte au nord-ouest d'Ho-Chi-Minh-Ville où le labyrinthe des souterrains de Cu Chi, devenu légendaire, est très visité. Les tunnels permettaient les attaques surprises — même dans l'enceinte de la base américaine de Dong Du — et les combattants viêt-cong s'évaporaient ! Les Américains ont transformé les 420 km^2 de Cu Chi en région la plus bombardée et défoliée de la guerre.

La pluie de mousson a recomposé le paysage, ici le bambou pousse comme de l'herbe !

Du riz pour la planète

Si le delta du fleuve Rouge est le berceau de la civilisation du riz irrigué, le delta du Mékong en est devenu le grenier. Le climat, tropical à subtropical, avec des moussons et beaucoup d'ensoleillement facilite sa culture.
Les paysages de rizières sont des étendues sans limites de grillages ou de murs, assurant un sentiment de liberté pour ces communautés paysannes. Le gouvernement permet depuis 1986 aux paysans de garder leurs terres en baux de 30 ans et ouvre la production agricole sur le marché extérieur. Mais la riziculture excédentaire n'a été atteinte qu'après l'aménagement du delta du Mékong ou du fleuve Rouge.
Avec l'introduction de variétés nouvelles de riz à cycle réduit et pailles courtes, avec l'aide d'engrais et d'un système d'irrigation-drainage plus performant, les agriculteurs peuvent obtenir deux ou trois récoltes. C'est surtout le courage, le travail incessant de chaque famille qui donne ce haut rendement.
À la campagne, les travaux exigent une main-d'œuvre abondante. Nous voyons les femmes et les enfants arracher les

mauvaises herbes dans la rizière, jusqu'aux genoux dans l'eau boueuse. Les hommes conduisent ces sortes de mototracteurs qui labourent dans l'eau, sous une chaleur épuisante.

Quand le riz est mûr, la rizière est asséchée. La fauche est manuelle, les femmes coupeuses de riz s'alignent sous leur chapeau conique en latanier, le *non*. Les hommes portent le riz, en lourds paniers sur leur dos, jusqu'à la machine à écorcer. La chaleur étouffe les gestes, tout semble si difficile. Après la récolte, les enfants conduisent les buffles ou les canards se nourrir sur les berges des rizières. Pour les ethnies montagnardes, la riziculture est aussi sculpture à flanc de montagne. Rien n'est mécanisé, tout se sème à la volée, tout se récolte sur des pentes d'équilibristes. Les montagnards sont décriés lorsqu'ils pratiquent la culture sur brûlis, épuisant les ressources naturelles de la forêt primaire mais bien souvent, la récolte n'empêche pas la famine.

Nha trang, le long d'une mer d'émeraude

Entre Ho Chi Minh et Nha Trang, la route mandarine longe les salines, les pêcheries à coquillage, traverse les plantations d'hévéas, fruits du dragon, canne à sucre, anacardier. Colonne vertébrale du Vietnam, elle est très bruyante et encombrée par la circulation, les divers séchages ou commerces improvisés.
Dans les rizières, les enfants gardent les buffles, et ce pour tout le village, au retour de leur matinée d'école. Si les buffles broutent dans les rizières non récoltées, les propriétaires demandent un remboursement aux petits gardiens.
Nous arrivons à Nha Trang, où la longue plage, frangée de cocotiers, attire le tourisme. Station balnéaire aux eaux limpides, idéale pour la plongée sous-marine, source thermale réputée, la ville offre une halte agréable avec des excursions autour des îles, des hôtels et restaurants luxueux.

Les habitants préfèrent le commerce ou la pêche à la baignade oisive. Les jeunes envahissent le front de mer en soirée pour le football sur la plage ou pour s'installer dans les cafés. Près du pont de Xom Bong, la flottille de pêche à dominante bleue est amarrée. Des nasses de bambou rondes, en guise de navette maritime, relient les bateaux à la ville. Les rats sont aussi très présents, furetant sous les pilotis des maisons pauvres du quartier pêcheur.
La pêche à la lumière est toujours pratiquée sur ces côtes. La nuit, chalutiers et jonques se regroupent autour d'un bateau, signal qui va décider du moment idéal pour que chaque équipage allume des lampes installées sur le mât, attirant ainsi quantité de poissons vite pêchés. À l'aube, sur le marché jouxtant la mer de Chine, l'ambiance est survoltée. Les produits marins sont très variés dans cette région : ormeaux, homards, crevettes roses, coquilles saint-jacques, seiches, pétoncles, maquereaux, thons et bien d'autres poissons moins connus. Parfois les poissons s'évadent des baquets et rampent au sol, les marchandes ne s'en inquiètent pas !

La chaleur vient en sourdine, le marché exhale ses parfums. Longues tiges de canne à sucre, noix de cajou, nid de salanganes, mangues, ramboutans côtoient les *càt kè*, sorte de gros lézards de la famille des geckos, au goût de poulet. Des hommes rabotent la glace qui tombe dans des verres de délicieux café noir, *cà phê den*. Nous préférons boire un lait de coco servi dans une noix glacée, *nuoc dua*, « décapsulée » au coupe-coupe devant nous. Au cours de nos voyages, nos guides ont été vigilants pour nos

boissons et nourritures. Pas de glace, toujours de l'eau en bouteille, des aliments frais et bien cuisinés nous ont permis d'éviter diarrhées et autres maladies tropicales.

À Nha Trang, l'institut Pasteur fut fondé par le bactériologiste Alexandre Yersin, vénéré au point qu'aucune rue portant son nom n'a été débaptisée après l'indépendance. En 1894, à Hongkong, il identifia le bacille de la peste bubonique et inventa un vaccin pour lutter contre ce fléau. En 1895, il s'installa à Nha Trang, acclimata l'hévéa et le quinquina, explora les environs inlassablement : c'est lui qui découvrit la région de Dalat et établit de nombreuses cartes.

Célèbre aussi mais plus tristement, le bonze Thich Quanc Duc pratiquait des retraites zen dans les montagnes de Nha Trang. À soixante-dix ans, il en est parti pour s'immoler par le feu, au milieu d'un carrefour, à Saigon, le 11 juin 1963, pour protester contre les persécutions du président Ngô Dinh Diêm.

La pagode de Long San est un havre de fraîcheur et de paix, où les robes curcuma des bonzes contrastent avec le géant et blanc Bouddha de 19 m, érigé en souvenir des moines qui se sont immolés.
Aujourd'hui, un homme est enterré, sa famille suit le cortège, bandeau blanc cerclant la tête. Son fils aîné marche à reculons, appuyé contre l'avant du cercueil, les traits peints de blanc sous son bandeau. Des camions portant les gerbes ferment la procession qui bloque la rue. Plus tard, le corps sera retiré de terre pour être incinéré, mais pas de suite, afin que l'âme trouve son chemin vers la réincarnation.

À l'heure où le bitume se liquéfie, nous embarquons pour découvrir les îles de la baie. Plages idylliques, superbes fonds marins, nous choisissons l'Île aux Macaques Rhésus. Il s'agit d'un groupe important, habitué à fouiller dans les déchets des plages, cantonnés dans l'île et parfois utilisée par l'Institut Pasteur.

Dans la baie, beaucoup d'îles sont aménagées avec bungalows, transats, bars et restaurants et invitent à tous les plaisirs.

Le royaume du Champa

Centre-Vietnam, nous sommes sur les terres de l'ancien royaume du Champa, issu de marins et pirates, originaires de Malaisie et Polynésie. Le Quang Nam Danang, auparavant province d'Amaravati, fut pendant des siècles le cœur de cette civilisation, raffinée et puissante. Les monuments bouddhiques et hindouistes sont consacrés aux neuf rois Cham et aux divinités brahmaniques, principalement Shiva, considéré comme fondateur et gardien du Champa.

Leurs tours ocre, sanctuaires hindous (kalans), ayant résisté aux guerres séculaires tombèrent en grand nombre sous les B 52 américains. La vallée de My Son, ancien centre religieux et intellectuel des Cham, est en grande partie détruite. Les crevasses géantes, traces de milliers de bombes, sont plus nombreuses que les fragments épars des autels, des tours-porches ou des vestiges de mandapa (espace sacré, pavillon à quatre portes) ornés d'un bestiaire fantastique. Située à une trentaine de kilomètres d'Hoi An, la « terre sainte » a été classée Patrimoine de l'Unesco en 2000.

Entre Dalat et Phan Rang, les tours de Po Klong Garai sont bien conservées, héritières de ce remarquable travail de briquetage des artistes Cham. Leur technique de maçonnerie n'a pas livré ses secrets : leurs briques, peu cuites afin d'être plus aisément sculptées, sont assemblées par un liant dont les spécialistes ignorent la nature, rendant difficile la restauration. À la sortie de Quy Nhon, les tours de Di Tu Tri, site non touristique, nous accueillent dans leur fraîcheur ocre et Than Jo nous raconte l'histoire actuelle des Cham.

Les descendants des Cham forment une communauté d'environ cent mille habitants, et dans la province de Khanh Noa, le digne héritier du roi Poklong Mohnai, son altesse Luu Quoc Thiem, veille sur ses trésors : sabres, habits royaux et couronne en or ciselée. Entre les visiteurs restés fidèles à l'islam originel mêlé de brahmanisme, les hindouistes, les bouddhistes, les tours, à toiture pyramidale, accueillent les pèlerins de toute obédience, et qui sait, peut être encore quelques pirates réfugiés sous ces turbans sophistiqués aux pompons rouges ?

Dalat et les Hauts Plateaux du Centre

Ce matin, la chaleur nous fait penser que le temps est d'orage. Pourtant, dans cette atmosphère de langueur, la nature, indifférente, n'éclatera pas en tonnerre. Alors, à nous la route vers la forêt primaire, la fraîcheur des cascades et les montagnes d'eucalyptus et de bambous, formant des cercles parallèles en étage.

La route secondaire 11, entre Nha Trang et Dalat, traverse des sites Cham, bordée de poivriers, de caféiers, de teck ou de théiers. Les tours Cham semblent en or cuivré. On remarque à la base leurs saillies de temples hindous. Et trapues, vues de loin, elles enferment en elles le plus élancé des espaces.

Café, poivre, manioc, canne à sucre sont cultivés par les ethnies dites minoritaires, ici souvent les Co Ho, Ma.

Les hommes ont labouré, hersé avec les buffles, parfois avec des motoculteurs améliorés, les femmes ont désherbé, semé à la volée. Sous le chapeau conique maintenu d'un tissu enveloppant le visage, elles sont penchées pendant de longues heures. Parfois elles portent des gants remontés jusqu'au coude, pieds nus dans la rizière ou sur le sol ocre. Au moment des récoltes, tout le village se regroupe pour aider, les charrettes traditionnelles ou moto-cultées attendant d'être remplies.

Le café est venu avec les colons français, de délicieux robusta, arabica et moka. Deux récoltes par an sont possibles, 2 ans après la plantation. Le café est séché 3 jours au soleil sur l'asphalte brûlant des routes puis il sera écorcé. Un acheteur regroupe les récoltes des paysans pour une compagnie d'exportation.
En chemin, notre guide Jo Thanh nous propose un repas de hérisson grillé, écureuil et sanglier sauvages, rôtis. Une tête de chèvre, fraîchement décapitée, pend, indiquant l'entrée du « restaurant », l'odeur est tenace, les mouches aussi !

Le marché de Dalat est célèbre pour ses primeurs, son cassis séché, ses prunes confites, ses sirops dont celui d'artichaut, aux vertus médicinales.

Dalat apparaît, plateau maraîcher, halte touristique appréciée, dans un écrin de pinèdes. Ancienne station de cure ou de chasse au gros gibier (ours, panthère, éléphant, tigre, etc.) pour les colons ou les riches vietnamiens, lieu de rencontres des groupes ethniques des hauts plateaux, « le Petit Paris » est réputée pour ses villas coloniales et son extraordinaire diversité en fleurs, fruits et légumes.

Au marché *Cho Da Lat,* les fraises côtoient les orchidées, fushias, roses. Cette prospérité entraîne depuis quelques années l'émergence d'un centre horticole principalement axé sur les biotechnologies.
Plus de 300 variétés de plantes rares ou médicinales (telle la fougère *Cu Ly* très utilisée en médecine traditionnelle comme remède hémostatique) offrent une symphonie de couleurs et parfums dans les jardins *Vuon Hoa Dalat.*

ĐA LẠT

La pension-galerie d'art de Hang NGa, « La Maison Folle », architecture curieuse inspirée d'Alice aux pays des merveilles.

Nous cherchons de la fraîcheur dans la Vallée de l'Amour, près du lac et des jardins préférés de l'empereur Bao Dai, après avoir visité la « Maison folle ». Fille d'un important dignitaire du Parti, la propriétaire, excentrique architecte formée à Moscou, a fait construire ce château-grotte de béton aux figures de bestiaire arachnéen.
Ce soir, au dîner, nous optons pour un pot-au-feu de fleurs, spectaculaire, parfumé, arrosé de vin de Dalat. La salade verte est servie sucrée, avec un sorbet à l'avocat. Chaque repas nous offre des surprises, la cuisine vietnamienne utilise l'approche *yin yang* pour composer les plats.

Le réseau routier des provinces des Hauts Plateaux Centraux, autour de Buon Ma Thuot, s'améliore. Au Vietnam, la circulation est intense, la moyenne routière en montagne est de 30 km/h, voire

moins selon les obstacles (chutes d'arbres, de rochers ou nids de poule géants à la suite des pluies de mousson, des typhons), multitude de vieux camions en panne signalés par une branche d'arbre en travers de la route, séchage de produits agricoles sur une moitié de chaussée.

Le code routier est hermétique pour nous, la base semble être vitesse lente et klaxon pour définir la priorité. Le principe étant de dépasser quels que soient les lieux ; chaque véhicule trouve à se glisser dans le flot ininterrompu et l'ensemble est finalement fluide, sans trop de « bouchons » routiers.

Les plus pauvres recyclent les déchets en sillonnant la campagne.

La beauté naturelle de la cordillère Annamitique a souffert de l'épandage de l'agent Orange et du déboisement (culture sur brûlis). Les ethnies montagnardes marchent pendant de longues heures pour cultiver, à flanc de colline sur brûlis, du riz, maïs, potiron, tabac, légumes divers.

Le gouvernement a construit des maisons pour ces habitants, les obligeant à quitter leur forêt, leur donnant un peu d'argent pour des graines et de l'engrais.
Sans revenus pour le quotidien, l'argent pour les graines a servi à acheter le nécessaire sans pouvoir attendre la récolte.

Le déplacement forcé de populations dû à la répartition des terres selon le système communiste, a suscité de nombreux conflits (2001-2004) et la région est parfois encore fermée aux touristes. 17 groupes ethniques peuplent ces villages, dont les plus nombreux sont des Ede et des M'nong, ethnie matrilinéaire où le nom de famille se transmet par la mère.

Réputés pour leur habileté dans la capture d'éléphants sauvages, ils les apprivoisent sans les blesser. Au village de Ban Don, les éléphants domestiqués sont nombreux, présentés parfois lors de courses spectaculaires. Dans la jungle toute proche, nous sommes invités pour la nuit dans un village traditionnel M'nong.

Dans la maison commune pourvue d'un toit de chaume et dressée sur pilotis (*rong*), le riz gluant est cuisiné, coulé dans une portion de bambou qui le moule, et pour le déguster, nous l'ouvrons comme on épluche une banane. Des plats à base de serpent, grenouilles, viande de chèvre sont placés au centre de la table avec des herbes fraîches très parfumées, à nous les baguettes !

Dans le village de Jun,
les longues maisons sur pilotis
sont habitées par l'ethnie M'nong.

La course d'éléphants

L'éléphant d'Asie vit dans une vaste région de forêts et plaines herbeuses. Plus de la moitié a été exterminée en un siècle. Depuis 5 000 ans, il est domestiqué jeune et employé dans l'industrie forestière, là où les machines modernes ont difficilement accès. C'est aussi une valeur économique liée au tourisme (promenades à dos d'éléphant).

Bien que souvent juste considéré comme débroussailleuse ou attraction, l'éléphant n'a pas été exterminé comme en Afrique ou en Inde.

L'éléphant d'Asie se reconnaît à son dos arrondi, sa tête large au niveau des yeux, son front surmonté par deux bosses saillantes et sa taille qui reste plus petite que celui de la savane africaine. La trompe nasale se termine d'un seul doigt, ses oreilles sont petites et triangulaires et seuls les mâles ont des défenses.

Au Vietnam, les éléphants ont une importante signification culturelle

et religieuse. Ils ont joué un rôle crucial pour transporter du matériel et du ravitaillement pendant les guerres du siècle dernier, cibles des bombes et des produits chimiques déversés. De nos jours, une centaine vit à l'état sauvage. Le gouvernement cherche à éviter l'extinction totale et la fureur des éléphants privés de leurs espaces herbeux habituels.

Dans la région des Hauts Plateaux du Centre, les rois venaient capturer les éléphants. Cette pratique persistante est présentée dans le Parc national de Yok Don.

Les M'nong, ethnie matrilinéaire au mode de vie traditionnel, sont réputés pour leur savoir-faire dans la capture et le dressage d'éléphants sauvages.

Les chasseurs de Ban Dôn utilisent deux pachydermes domestiqués pour capturer un jeune de moins de 3 ans et ne font aucun mal aux éléphants adultes, contrairement aux braconniers d'Afrique. Ils les vénèrent et organisent des cérémonies, sorte de bénédiction des éléphants avant la course traditionnelle d'une vingtaine d'éléphants. Elle se tient en principe tous les deux ans à l'occasion du 3e mois lunaire.

Devant la maison tribale, commune, les chasseurs se regroupent pour un rituel d'onction de couleur ocre sur la tête des éléphants. Puis ils simulent dans les bois environnants une capture, la corne de buffle retentit, nous devons avec la foule grimper aux arbres pour nous protéger, tellement les attaques de charge et retraits sont vifs. Des bruits de pas précipités soulevant une épaisse poussière annoncent l'arrivée des pachydermes pour la course au bord du lac. Ils sont en « compétition » par deux puis trois ou quatre, au fil des éliminatoires.

Deux cornacs sont en équilibre sur chaque animal, l'un fait tournoyer la cravache en peau de buffle tressée, le second donne des coups de marteau en bois sur les fesses de l'éléphant, le stimulant avec des « hay-hay » pour le faire avancer.

La foule acclame, se resserre tellement que les dangers de piétinement de l'éléphant chargeant sont constants. Après des années de contact avec la race humaine, la foule excitée d'un jour de fête peut-elle devenir signal inquiétant pour ces tranquilles pachydermes ?

Hoi An, le paradis de la soie

Encore un peu étourdis par la fête nocturne animée par les joueurs de gong et l'alcool de riz, chacun aspirant à l'aide d'une « paille » dans une jarre de terre cuite, nous quittons Buon Ma Thuot pour Danang en avion à hélices. Les plantations de café, forêts de pins, chutes d'eau vertigineuses cèdent la place à un vaste panorama de plaines côtières jusqu'à la célèbre plage de China Beach.

SAO MAI
25
QNa 0326

Les crues de la rivière Thu Bon inondent Hoi An à la mousson.

L'aéroport de Danang était le plus fréquenté au monde pendant la guerre du Vietnam, gigantesque base aéronautique américaine dès 1965. La ville fut très touchée par les combats, les images de son évacuation tragique par deux Boeing 747 Américains en 1975 sont tristement célèbres : dans la panique, les vaincus périrent en s'accrochant aux avions qui décollaient. Danang est la puissance économique du centre. Agrandie pour pallier à l'ensablement du port de Hoi An, la ville voit son intérêt touristique limité au musée de la sculpture Cham.

En direction de Hoi An, nous découvrons les montagnes de marbre. Dans les grottes naturelles furent édifiés des sanctuaires hindous (ceux des Cham), puis bouddhiques et taoïstes. Les bonzes vivent en ces lieux, qui pendant la guerre furent transformés en hôpital militaire par les combattants Vietcong. Les artisans réalisent de magnifiques sculptures sur marbre et jade.

Bordée de palmiers et de plages de sable fin, la route vers Hoi An est très agréable.

Les jeunes filles, en tenue immaculée traditionnelle, l'*ao dai*, rentrent des cours en bicyclette avec une élégance inattendue sous le soleil. L'*ao dai*, costume national des Vietnamiennes est une longue tunique cintrée, fendue sur les côtés, au col montant et portée sur des pantalons « patte d'éléphant ». Remplacé en 1975 par un triste uniforme corsage et pantalon, puis repris et modernisé depuis 1987 par une coupe et des tissus soyeux, l'*ao dai* transforme en princesses séduisantes ces femmes asiatiques aux silhouettes de liane.

Lorsque nous faisons halte pour le repas, les jeunes viennent spontanément nous parler en riant. Le pays du sourire porte bien son nom et sa jeunesse continue à transmettre un message de paix, d'harmonie magnifique.

Le pont japonais, 20 m de long,
couvert de tuiles vernissées jaunes et vertes,
relie les vieux quartiers.

Notre guide nous a demandés dès notre arrivée nos préférences culinaires (crevettes et calamar !) : à chaque repas, très attentionné, il nous fait servir des mets différents. Ici, le *cao lau* est apprécié, composition de nouilles plates, de croûtons, pousses de bambou et porc émincé où l'on émiette une crêpe de riz.

Autres spécialités locales : la soie, le lin, le coton, les étoffes brodées, la confection de toute votre garde-robe en un temps record ! La vieille cité s'emplit d'un cliquetis incessant de machines à coudre et les tailleurs sont très doués pour copier votre modèle préféré. C'est le paradis du commerce et des artistes (galeries d'art, sculptures sur bois, céramiques, poteries, tissages).

La nuit, la ville s'anime sous les lanternes colorées, propose restaurants et spectacles dans ses multiples maisons tout en bois. Sur la façade s'ouvre une boutique, tandis que les pièces habitées donnent sur une cour intérieure, agrémentées de colonnes parfois en bois de

Le sourire et la générosité spontanés adoucissent la rudesse de la vie.

jacquier. Certaines toitures sont recouvertes de tuiles concaves et convexes, style *ying yang*, symbole qui protège les habitants. Pendant la mousson, le lichen et les mousses recouvrent les toitures d'un vert éclatant. Le Pont Japonais couvert, construit en 1593 entre les quartiers chinois et japonais, est très remarqué. Classée au patrimoine mondial de l'Unesco, la ville de Hoi An finance par un droit d'entrée les travaux de conservation de certains des 844 bâtiments recensés.

Le charme de l'ancienne cité invite à la méditation et à la promenade, calme du fait des limitations de circulation. L'atmosphère de cet ancien port est étrange, nous déambulons entre les temples, les vieilles demeures aux portes sculptées, les jardins de frangipaniers et de manguiers. Ici nous avons la sensation de la continuité du temps, de nous distraire en contemplant ces images d'estampes, ce réel si différent du réel familier à nos sens.

Le poisson est un aliment incontournable : plus de mille espèces d'eau de mer ou d'eau douce sont pêchées au Vietnam.

Nous dormons dans une ancienne demeure chinoise à colonnes de bois, sur les quais de la rivière Thu-Bon. Au matin, le café *den* est servi dans un jardin luxuriant de bananiers, ananas et bougainvillées, qui invite à s'y installer pour l'hiver. Pourtant, Hoi An souffre chaque année des inondations, les hauteurs de crues se remarquent par les déchets en plastique, restés accrochés le long des berges, les dépôts de vase sur les quartiers en front de mer.

Près du marché, une jonque amarrée nous attend pour naviguer sur la rivière Thu-Bon. Les pêcheurs lancent l'épervier au milieu des plantes aquatiques, barques immobiles au cœur de la rivière, irradiées de soleil. Sur le rivage, des poissons plats sèchent sur des nattes, près des maisons-paillotes, que les racines de palmiers d'eau enveloppent comme des serres. La jonque se faufile entre les îlots de bambou et de bananiers, et toujours apparaissent des silhouettes légères et élégantes, nous saluant.

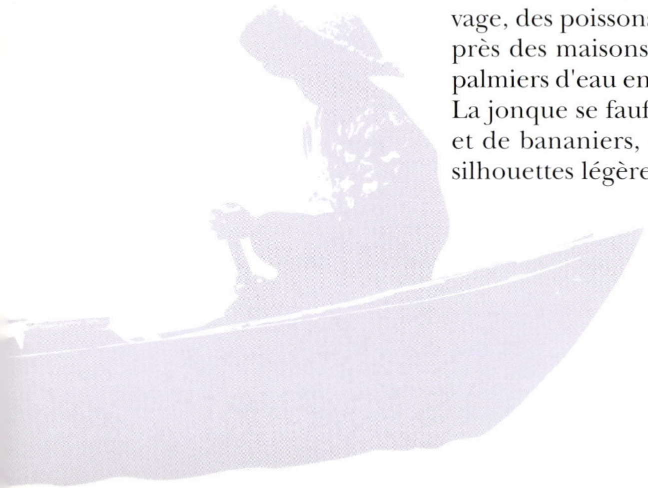

Les maisons-tubes, colorées, lumineuses, nous charment le long de la rivière Thu-Bon.

Hué, la cité-citadelle

De la vieille cité-port de Hoi An à l'ancienne capitale impériale de Hué, la route mandarine (ancienne route des mandarins) culmine au col des nuages *Hai Van.* Si la vue est dégagée, ce lieu offre un aperçu superbe sur le littoral de mer turquoise de Chine méridionale. La plage de Lang Co y occupe une péninsule splendide, palmiers et lagon de rêve.
La route sinueuse est animée par les étals-panneaux de flacons d'essence d'eucalyptus.

Face à la mer de Chine méridionale, un arc de cercle de sable fin se baigne dans une eau turquoise : la plage de Lang Co est sublime.

Palétuviers et palmiers
bordent le chemin ;
invitation à la quiétude.

Lorsque nous stoppons la voiture, une foule d'enfants surgit, proposant cartes postales ou minuscules sculptures en bois. Ils ne mendient pas. Le vendeur de journaux, en bicyclette, annonce les nouvelles avec un micro nasillard pour inciter les habitants à acheter le quotidien. Sur le bitume caniculaire, l'encens sèche en paquet-fleur pourpre. Pour obtenir ces baguettes odorantes, on choisit un bois parfumé dont l'écorce réduite en poudre est mélangée avec de la colle et roulée en tige. Plus loin, à même le sol, des femmes assemblent les feuilles de latanier en chapeau conique, le fameux *non*.

Les bâtons d'encens sont fabriqués avec
l'écorce d'un bois parfumé. Réduite en poudre,
mélangée avec de la colle,
elle est roulée en tige et séchée au soleil.

Le masque protégeant le visage de la pollution et du soleil reste toujours élégant.

Les maisons sont étroites : chacun souhaite avoir son petit commerce et la taxe est calculée en fonction de la largeur de l'échoppe.

Nous faisons halte et accroupis sur des nattes, déjeunons de riz, de *banh khoai*, la crêpe de Hué, sorte d'omelette farcie de crevettes et de soja. Viser les menus morceaux dispersés en articulant les deux baguettes est un art ! Un ananas sculpté nous est servi en dessert, tradition européenne du sucré en fin de repas : au Vietnam, les fruits sont plutôt dégustés en dehors des plats principaux. Le cuisinier se repose déjà dans un hamac, à l'ombre d'un arbre à palmes. Nous quittons ces files de boutiques constituées d'une simple planchette, et bientôt, nous entrons dans la ville de Hué.

La Cité Impériale date de 1804.
Abandonnée par le dernier empereur Bao Dai en 1945,
bombardée en 1968, sa restauration est en cours.

La cité historique et culturelle offre une sérénité poétique « impériale ». Fondée en 1687, capitale du Vietnam jusqu'en 1945, baignée par la « Rivière des Parfums », centre religieux et universitaire, la ville a accueilli les treize empereurs de la dynastie Nguyen.

Patrimoine mondial de l'humanité, la restauration de Hué est en cours sous l'égide de l'Unesco.
La tâche est considérable car la Cité Pourpre et la Cité impériale sont devenues un vaste terrain vague ayant durement souffert des invasions, guerres, typhons, pillages.
Le palais de la Paix suprême est le mieux conservé, avec un magnifique plafond soutenu par quatre-vingts colonnes sculptées, laquées de rouge, incrustées d'or. Citadelles, palais, tombeaux impériaux, pagodes et temples, musiciens et poètes, le prestige de civilisations raffinées nous touche à chaque pas.
C'est ici que Jo Thanh nous livre le sens de la dignité confucéenne :
« Vous avez, en Europe, un mode d'honneur qui est de rendre les coups reçus. Nous avons le mépris de la violence. La dignité, pour nous, c'est de se vaincre, se dominer, ne jamais opposer la violence à la violence. Beaucoup de nos villages ont un nom qui signifie la paix et la sérénité, nous avons un proverbe qui dit : si tu recules d'un pas, c'est un pas de gagné. »

Dans une riche boutique, deux hommes veillent, chacun à l'un des angles, immobiles comme des personnages de quelque ancien palais. Et, devant la boutique, la marchande de soupe s'est installée et frappe d'un bâtonnet de bambou qu'elle tient au creux de la main.
« Venez goûter un œuf fécondé. » Nous propose Jo Thanh, déjà assis sur une mini-chaise en plastique bleu. La vieille femme sort une bouteille d'eau « La Vie » emplie d'alcool de riz, des œufs où l'on distingue l'embryon de poulet.
« C'est une médecine chinoise pour être plus solide » affirme notre guide.
Pendant la dégustation, la marchande nous explique qu'âgée de 75 ans, elle doit chaque jour acheter des œufs au marché, les revendre le soir afin de nourrir son mari et son fils malades. Au Vietnam, la retraite n'existe que pour les fonctionnaires, les soins médicaux sont le plus souvent payants. Ces habitants pauvres pourront-ils bénéficier de l'apport touristique ou seront-ils délogés du trottoir pour la tranquillité des visiteurs ?

SẮT VIỆT NAM
A 31595
HC 61581

Sapa, le marché d'amour du Tonkin

Le centre du Vietnam fut, pendant la dernière guerre, coupé par la sanglante ligne de démarcation, la D.M.Z., calquée sur le 17e parallèle. Au nord de l'ancien Annam, les riches plaines côtières rejoignent le delta du Fleuve Rouge et le golfe du Tonkin.
Au-delà, le voyageur atteint les provinces montagneuses frontalières de la Chine, au nord ou les hauts plateaux boisés des provinces du Nord-Ouest, lieux des violents affrontements de la guerre d'Indochine. Plus des trois quarts du Vietnam sont occupés par des montagnes et des forêts, dont le point culminant est le Fansipan, à 19 km de Sapa.

La boucle vers le nord est un périple qui nécessite beaucoup de patience, la route n'est souvent que piste, mais les montagnes escarpées abritent de nombreux groupes ethniques accueillants et des paysages superbes.
À l'ouest d'Hanoï, une halte chez les Thai ou les Muong nous laisse découvrir leur art du tissage et la gaieté de leurs danses, accompagnées par des musiciens jouant de la flûte de roseau ou des cymbales. Le spectacle s'achève par un partage d'alcool de manioc, servi dans une jarre avec des pailles de roseau.

Dans la maison commune sur pilotis, chacun trouve le sommeil dans un angle de la pièce, allongé sur des coussins, dans l'intimité d'un carré de toiles tendues à l'aide de cordes. Les villages autour de Son La, Dien Bien Phu ou Lai Chau se multiplient entre montagnes verdoyantes étagées en rizières et vergers.
Tout au long de la route, nous croisons des paysans, en habits traditionnels, croulant sous des charges invraisemblables ou des petits groupes, hommes et femmes confondus, travaillant à combler les pistes avec de lourds couffins débordant de gravier.

Jeune femme H'mong Fleur allaitant au marché de Can Cau.

Deux jeunes filles H'mong Noir.

La province de Lai Chau est frontalière du Laos et de la Chine. La forêt couvre 75 % de ce territoire mais l'attrait des essences précieuses et des animaux rares risque d'y entraîner une déforestation intense. Après la traversée d'une montagne quasiment inhabitée, quelques femmes Dao, turban noir retenu par une coiffe en métal, nous indiquent la proximité de Sapa et ôtent leurs bijoux d'argent dans l'espoir de nous les vendre.

À l'horizon, nous distinguons le Fansipan, pointant à 3 140 mètres dans une réserve naturelle où abondent singes, bouquetins et oiseaux. La station climatique de Sapa est perchée à 1 500 m d'altitude et le climat est rude en janvier et février. En janvier 2008, le froid a sévi durement : des milliers de buffles d'eau sont morts, ruinant de nombreux paysans les utilisant dans les rizières.

Dao rouges, H'mong Noir ou Fleur, Laos, Tay, Nung, et quelques autres ethnies moins représentées, conservent leur mode de vie traditionnel. Très commerçants, la plupart s'adaptent au tourisme en tentant de vendre avec insistance leurs ouvrages de broderies très colorées.

Quand notre 4x4 stoppe près de la place principale, devant la petite église de Sapa, une nuée d'enfants et de femmes H'mong ou Dao nous accompagne sur le marché, tentant avec quelques mots d'anglais de nous vendre leurs articles.

Les enfants sont peu scolarisés car les achats des touristes leur procurent de quoi survivre, certains parlants anglais couramment, s'improvisent guides, deviennent ainsi sédentaires. Bien peu échapperont à leur condition de paysans, englués dans leurs rizières, nomades soucieux du lendemain, contraints de défricher les montagnes verdoyantes, devenant brunes et arides du fait de la culture sur brûlis, mal maîtrisée.
Chassées par les gouvernements, les minorités aux dents laquées de noir, aux corps tatoués de points verts et bleus, aux enfants enrhumés dont le ventre boursouflé alerte sur leur hygiène de vie, sont en errance perpétuelle. Qui va leur donner enfin un territoire cultivable pour vivre en harmonie, eux qui sont si heureux de l'attention que nous portons à leurs costumes et art de vivre ?

Les marchés hebdomadaires de Sapa, Bac Ha, Coc Ly, Muong Hum ou Can Cau regroupent ces peuplades qui troquent et concluent à l'alcool de riz les emplettes.

(de gauche à droite)
Femme Dao Rouge,
enfant H'mong Noir,
femmes H'mong Fleur,
femme Dao Rouge.

Tout un bric-à-brac *made in China* s'étale sur le sol, la foire aux bestiaux s'anime tôt le matin, les marchandages se multiplient. Les jeunes adolescents jouent à cache-cache, les filles parées de leurs plus beaux costumes, tournant en groupe autour des garçons, qui, pour se donner contenance, lampent de l'alcool de riz. Le manège s'amplifie et en fin de journée, certaines accompagnent le jeune homme à moto dans sa famille, afin d'y vivre quelques jours à l'essai. Le mariage a lieu rapidement si le couple s'accorde.

Délaissant la fraîcheur des rizières, nous reprenons la route pour Lao Cai, d'où le train de nuit nous emporte en couchettes « molles » pour Hanoï. Coup de sifflet dans la nuit, quelques minutes avant l'heure indiquée de départ, la locomotive s'ébranle tandis que dans les wagons, la nuit s'organise dans une atmosphère surannée, pour atteindre au petit matin le mythique quai n° 7 de Hanoï, où les crinolines et les canotiers coloniaux ont été remplacés par une ambiance survoltée de touristes et marchands.

Les ethnies montagnardes

Le Vietnam présente une richesse et complexité aussi bien ethnique que linguistique puisque cinq peuples y cohabitent.
Les Kinh ou vietnamiens, habitant principalement les plaines côtières, sont les plus nombreux tandis que les ethnies minoritaires se divisent en 54 groupes environ.
Les minorités du Sud (Khmer, Cham) et des Hauts Plateaux du Centre (descendants des Indonésiens : Ba-na, Xo-dang, Jarai, E-de) sont les moins nombreux. Le Nord ou Tonkin présente une stratification surprenante : les habitants se sont établis en fonction de l'altitude : les Tay, les Thai et les Nung pratiquent la riziculture irriguée en dessous de 600 m, les Ha-nhi, Lolo, entre 600 et 900 m, puis les H'mong et les Dao cultivent sur brûlis ou en terrasse au-dessus de 900 m.

Si l'*ao dai* – longue tunique aux pans flottants sur un pantalon souple – confère une grâce ondulante aux jeunes femmes vietnamiennes, les H'mong Bariolé ou les Dao se drapent de parures somptueusement colorées. Les femmes cultivent le chanvre ou le coton, tissent, teignent à l'indigo et appliquent de très jolies broderies dont elles connaissent les motifs de mémoire.
Ce « *peuple des nuages* » pratique toujours le totémisme, le culte des esprits, certains rites d'exorcisme. Leurs connaissances des plantes médicinales, des cultures d'opium et d'arbres fruitiers, chanvre et maïs se transmettent en famille, tout comme l'artisanat, travail du cuir et de l'argent. Ce sont des marcheurs infatigables, nous les croisons sur les routes de haute montagne, vers Sapa, Bac Ha ou Can Cau, souples, de petite taille mais ô combien résistants !

La baie d'Ha Long

Le train Lao Cai-Hanoi franchit le *Cau Long Bien* à l'aube (ancien pont Paul Doumer, construit par Eiffel), bloquant des milliers de motos alourdies par les marchandises.

À la gare, nous sommes interpellés par les vendeurs ambulants de soupes, beignets, cigarettes, enfin tout le nécessaire pour être prêts à visiter la ville déjà moite. Nous sommes invités à nous joindre aux habitants des abords du lac Hoan Kiem, pour pratiquer leur mise en forme matinale, le *tai-chi-chuan.* Jeunes ou vieillards, tous participent en musique et nous sommes bien détendus quand arrive le chauffeur de 4x4 pour les Baies d'Ha Long.

La volonté de modernisme,
les empreintes du passé colonial
et de l'influence soviétique,
la ferveur religieuse créent un cocktail
détonant en architecture.

La banlieue de Hanoï est très étendue, partout les maisons-tubes ne sont peintes qu'en façade, chacun exerçant un commerce sur son seuil. Le prix de l'habitat est fonction du nombre de m² donnant sur la rue, c'est pourquoi les maisons sont hautes et étroites. Le réseau de câbles électriques pend en toile d'araignée, maintenu au poteau par les compteurs. On ajoute un nouveau fil selon les pannes et les besoins. Le trafic est intense dans le triangle du delta, les péages nombreux, les bras du Fleuve Rouge s'élancent vers un paysage étonnant où les pics calcaires pointent au milieu des rizières. Cette baie d'Ha Long, nommée terrestre, est somptueuse : nous embarquons avec les fameuses brodeuses de Tam Coc.

Les batelières rament avec les pieds, nous glissons en silence au travers des grottes hérissées de stalactites, le retour est fortement animé par la vente des ouvrages brodés. Patience et bonne humeur nécessaires, pensez qu'il suffira de changer votre mobilier en Europe pour y assortir toutes les nappes d'ici !

Tam Coc (Trois Grottes) enchante en mariant cavernes, pains de sucre et méandres de la rivière Ngo Dong.

Aux détours des rizières, Keng Ga est une cité lacustre accrochée à de hautes falaises. Les habitants récoltent des algues pour nourrir leurs élevages piscicoles flottants. Le spectacle des sampans lourdement chargés, du marché de légumes ou coquillages de bateau à bateau rappelle le Delta du Mékong, mais avec le relief karstique inégalé. Décidément, le site d'Hoa Lu dégage une atmosphère paisible, nous continuons vers Phat Diem, connue pour sa cathédrale sino-vietnamienne d'inspiration européenne. Les colonnes en bois-de-fer, les coupoles, les arcatures plutôt bouddhiques, les dorures rococo évoquent davantage un palais qu'une église catholique.

Cette région de montagnes karstiques aux pains de sucre, aux rizières frangées de côtes sablonneuses conduit vers la célèbre Baie d'Ha Long. La route étroite est encombrée de camions, motos et cycles, de buffles tirant des palmes réunies en chargement démesuré.

Le sisal est une herbe récoltée dans les rizières,
après teinture, elle est mise à sécher au soleil.
Elle est utilisée pour fabriquer
les nattes traditionnelles et les paniers.

Circulation mais aussi séchage de manioc, de maïs, de cannelle, stockage de sable, cailloux, réunion autour d'un thé ou d'un ananas, enfants qui courent et jouent sans surveillance entre les passages de véhicules.
Puis soudain, des mines de charbon, des ouvriers courbés sous les sacs poussiéreux, des hôtels en construction partout, des bâtiments avec un panneau publicitaire vantant les bienfaits de la bile d'ours, prélevée chaque jour sur des animaux encagés, c'est, ô surprise, l'entrée du mythe : Ha Long.
En front de mer la route est bordée de catalpas et de palmiers que nous connaissons en Europe, en miniatures de serre. Le port est envahi de bateaux pour touristes, des taxis-barque pour voyageurs ou marchandises en guise de navette entre les jonques. Les rameurs travaillent sans relâche, c'est plus lucratif de promener les touristes que d'aller à la pêche.
Alors pour découvrir l'un des paysages les plus somptueux d'Asie, nous allons caboter entre les îlots de cette vraie ville flottante, et le dragon surgit de la « huitième merveille du monde », nous enchante par ces étranges sculptures jaillissant de la mer bleue, blocs de jade lancés par ce monstre marin pour stopper les envahisseurs de la légende.

Brumes, îlots fantomatiques,
féeries au pays de la « huitième
merveille du monde ».

Au fond de la baie, il repose, accompagné de langoustes, crabes, ormeaux, crevettes et calmars. Chaque îlot, chaque grotte évoque une légende, les pêcheurs prient devant les autels secrets des cavernes, les épiciers flottants accostent les immenses jonques en bois pour les ravitailler de fruits, boissons fraîches ou perles de culture locales. L'équipage nous montre un village flottant où des rubans de parcs à huîtres perlières s'allongent en guise de jardin aquatique.
La baie s'étend jusqu'à Cat Ba, ses eaux smaragdines abritent près de deux mille îles de calcaire et de schiste.

Les jonques et les sampans glissent silencieusement entre les récifs karstiques
de la baie d'Ha Long et font halte dans l'île de la Grotte des Merveilles ou celle du Pélican.

Nous naviguons jusqu'au coucher de soleil et pour nous permettre de multiplier les photos, le capitaine manœuvre ses voiles orangées en fonction du merveilleux couchant légèrement brumeux. La jolie jonque en bois nous ouvre sa cuisine, son restaurant : l'équipage nous convie à partager le repas.
Le cuisinier, esthète, présente ses plats avec un raffinement inattendu, des légumes mêlés de fruits de mer sont devenus splendeur d'art floral !
La nuit venue, le bateau mouille dans la baie, la sérénité et l'émerveillement nous gagnent.
La magie du dragon nous a envoûté !

Hanoï, élégante et sereine

Notre croisière en Baie d'Ha Long et archipel des Cat Ba s'achève : un hydroglisseur nous embarque pour Haiphong, immense port, plaque tournante des échanges commerciaux du pays et ville au charme désuet. En 1975 et pendant près de dix ans, l'exode des *boat people* l'a rendue tristement célèbre. Pour rejoindre Hanoï, la Nationale 5 serpente dans la vallée très peuplée de *Song Hong,* le fleuve Rouge. Fertilisée par les crues, verdoyante par ses rizières et vergers, elle est aussi jalonnée de pagodes et temples. L'agriculture est très peu mécanisée aux alentours de la capitale, la concentration de population offre une main-d'œuvre constante, très pauvre.

Le lac Hoan Kiem invite les amoureux au cœur de la vieille ville de Hanoi. Au lever du jour, le traditionnel tai-chi anime les rives du lac.

Chaque village a ses spécialités artisanales : céramique, soies, nacres, laques, sculptures pour les plus classiques ou plus originales comme la fabrication de pétards ou l'élevage de serpents. Le cobra ou le serpent-buffle servent à préparer des plats réputés aphrodisiaques : le serpent est vidé de son sang, mélangé à de l'alcool de riz. Cet élixir où flotte un cobra lové, est recherché tout comme la viande de chien, rôtie à certaines périodes lunaires, réservée aux hommes pour augmenter leur virilité. Une pommade à base de venin, Najatox ou Cobratox, soigne les douleurs rhumatismales, fréquentes chez ces paysans travaillant dans les rizières ou les marais salants. Les lotus et les jacinthes mauves laissent la place aux encombrements de circulation de la banlieue si étendue qu'il faut plus d'une heure pour atteindre la vieille ville.

Sur la rive droite du Fleuve Rouge, connue depuis l'âge de bronze, Hanoï fut une cité florissante sous divers noms. En 1010, Thang Long fut fondée et devint la demeure de la famille impériale avec huit palais.

En 1203, la capitale s'embellit de monuments encore présents comme le temple de la Littérature, la Pagode au Pilier Unique, ou la pagode Tran Quoc.
La ville déclina quand la dynastie Nguyen (1802) s'y établit et pour légitimer Hué, rasa la Cité Impériale de Thang Long. Un des nombreux noms connus de Hanoï, *Dong Kinh* (capitale de l'Est) fut transcrit en Tunquin (francisé ensuite en Tonkin) par Alexandre de Rhodes, qui latinisa l'écriture vietnamienne au XVIIe siècle.
En 1831, l'empereur Ming Mang baptisa la capitale de l'Est : Hanoï, *en deçà du fleuve.* L'arrivée des Français en 1882 bouleversa le paysage urbain entre progrès et tradition, ainsi la pagode Bao Thien fit place à la Cathédrale St Joseph. Depuis la réunification, le centre-ville n'a guère changé et conserve tout son charme de *Cité des 36 rues et guildes.*

Le musée de l'histoire militaire du Vietnam expose le matériel et les maquettes des grandes batailles (Dien Bien Phu, la prise de Saigon).

Le pont rouge vif du Soleil Levant (The Huc), relie la berge du lac Hoan Kiem (lac de l'Épée Restituée) au temple de la Montagne de Jade.

Au cœur de Hanoï, les nombreux lacs sont recherchés pour leur fraîcheur lors de canicules. Le lac Hoan Kiem, avec son îlot-pagode Ngoc Son, accessible par le magnifique pont de bois laqué rouge *Le Huc* (soleil Levant), est le point de départ du quartier commerçant aux rues étroites, installé par corporation depuis plusieurs siècles.

Chaque rue porte le nom d'une marchandise (*Hang*), telles *Hang Dao* (la rue des fleurs de pêcher), *Hang Gai* (rue du chanvre, avec des magasins de soieries recherchés). Tout est ouvert, on dirait que les maisons-tube sont vues en coupe longitudinale, sectionnées net comme une scène de théâtre. Dans la même boutique, des familles vendent, dorment, mangent mais encore plus pauvres sont les porteuses de palanche. Seaux ou paniers, emplis de marchandises sont aux extrémités d'un long bambou porté sur l'épaule. Le fardeau pend souplement, la porteuse, venue de la campagne pour écouler fruits, légumes, brassées de fleurs ou herbes aromatiques avance avec une grâce d'équilibriste.

Partageant à plusieurs des abris précaires pour économiser, elles viennent chaque jour transporter 40 ou 50 kg afin de fournir à leur famille au loin 30 € mensuels.
Hanoï rénove autour de ses banians centenaires et de ses platanes, les rues ombragées se refont une beauté mais la ville nouvelle se construit aussi en maisons de « nouveaux riches », villas hollywoodiennes des quartiers résidentiels proches du lac de l'ouest. Animée par ses vieux quartiers, ses nombreux monuments, ses pagodes, lacs, galeries d'art et spectacles, Hanoï est une ville séduisante et chaleureuse.
Avant de quitter avec mélancolie le Vietnam, nous allons en soirée admirer les marionnettes sur l'eau, spectacle poétique de scènes de vie rurale. Il se déroule sur un enchaînement de musiques traditionnelles au grand théâtre. À la sortie, les coolie-pousse se disputent pour nous emmener déguster des *oc hap la gung*, escargots à la mode de Hanoï, farcis de citronnelle et cuits à la vapeur. Le maelström des cyclos et des motos continue…

Les petits métiers

C'est un joli chemin bordé de bananiers et de lataniers, un décor où même le nom des arbres donne un effet d'exotisme. Mais il s'ouvre sur cette sorte de brousse où les chiffonnières, accroupies souplement au milieu du bric-à-brac de débris de paille, de tessons de bouteilles, de sachets plastiques multicolores, trient tout ce qui peut être revendu. Elles empilent sur leurs vélos, leur richesse quotidienne pour rouler des heures jusqu'à la ville. « Ce sont les plus pauvres » dit le guide qui nous accompagne, tôt ce matin.

Au lever du jour, le marché est un royaume féminin où les paysannes viennent de loin vendre quotidiennement leur palanche lourde de fruits ou légumes frais. Les marchandages sont âpres, les commerçantes vantent leurs boutiques-bazars, les cris et les rires s'interpellent dans ces dédales de rues.

Les trottoirs sont envahis par les carrioles des commerces ambulants. Partout nous trouvons de quoi multiplier le petit-déjeuner, en s'installant sur des mini-tables et tabourets : soupe de nouilles tonkinoise (pho), jus de canne à sucre pressé, ananas sculpté et coupé en quatre parts, crêpes et raviolis.

Les restaurateurs côtoient le coiffeur ou le barbier, installés dans la rue, le cireur de chaussures accroupi avec sa caisse en bois, le vendeur de tombolas installé sous un parapluie. Plus loin, le marchand de ballons ou de journaux attire le client avec une musique nasillarde. Dans le centre de Hanoï, le quartier des trente-six Guildes est un labyrinthe de commerces de poche, là où s'établirent à l'époque de la cour royale les artisans dont le nombre de confréries fut limité à 36.

Sur la route du retour, une femme porte et étend du sisal teint en couleurs vives, plus loin les paniers multicolores se préparent pour l'exportation. La femme travaille de 6 heures à 20 heures pour un salaire de 40 000 dongs par jour (soit moins de 2€).

À huit heures de la nuit, l'atelier de mécanique ou de couture est toujours ouvert, les courroies tournent en boucle, dirait-on.

Repères historiques

1ère période : légendes et luttes entre la Chine au nord, le Champa au centre et les Principautés khmères au sud.

• Tribus Viets

Environ dix siècles avant J.-C. le royaume légendaire des tribus Viets, Van Lang est fondée par Hung Vuong.

Ie siècle av. J-C à 939 : sous la domination chinoise au nord, l'écriture chinoise, l'araire de métal pour le labour et l'élevage du ver à soie furent introduits.

939 : libération du pays Viet par Ngo Quyen.

• Royaume du Champa

2000 av. J.-C. : naissance du royaume indianisé, le Lin Yi, futur Champa.

380-413 apr. J.-C. : règne de bhadravarman Ie, constructeur du premier temple Cham.

875-975 : le Champa devient bouddhiste.

2ème période : montée de l'empire Viet, morcellement de l'empire Cham.

• Dai Viet

939-1558 les dynasties Ngo, Dinh, Tien Le Antérieurs, Ly, Tran, Ho, Le Postérieurs se succèdent. La dynastie Ly fonde le Dai Viet, la capitale est Hanoï (Thang Long fondée en 1010), l'État s'organise sur le modèle hérité de la domination chinoise. La société est composée d'un État bureaucratique civil et militaire sur le modèle confucéen entourant l'empereur, et un ensemble de communautés villageoises fortes du culte des ancêtres.

1558-1687 : les Vietnamiens engagent leur marche conquérante vers le sud avec l'arrivée des seigneurs Nguyen (capitale installée à Hué en 1687). Par le port commerçant de Hoi An, le pays s'ouvre aux Portugais, aux missionnaires dont le père Alexandre de Rhodes. Vers 1630, il latinise la langue vietnamienne (*quoc-ngu*).

• Royaume du Champa

975-1220 : le Champa perd ses terres du nord au profit des Ly. L'empire khmer d'Angkor harcèle le Champa au sud.

1220-1692 : le roi Cham Che Bong Nga guerroie et pille Hanoï (1360). Mais son rival (dynastie Ho) devient empereur et le Champa cède le foyer religieux essentiel, l'Amaravati. La marche vers le sud mené par les Nguyen dès 1558 absorbe le royaume du Champa, le dernier roi Cham meurt en 1692.

3ème période : empereurs, colons et communistes.

1687-1858 : progressivement, les Nguyen dominent le pays. En 1802, Gia long unifie l'empire du Vietnam sous le signe du dialogue avec l'Occident. Son successeur rejette la diplomatie et persécute les catholiques, les coups de boutoir des coloniaux engagent la riposte.

1859 : les Français s'emparent de Danang, puis de Saigon

1862-1887 : création de l'Union Indochinoise (Cochinchine, Tonkin, Annam)

1940-1945 : occupation japonaise. En 1941, Ho Chi Minh fonde le Viet-Minh et en 1945, proclame la République Démocratique du Vietnam.

1946-1954 : la guerre d'Indochine sévit, s'achevant avec la chute de Dien Bien Phu en 1954.

1959-1975 : la guerre du Vietnam oppose les partisans de l'empereur Bao Dai (capitale Saigon) à ceux de Ho Chi Minh (capitale Hanoï). En 1965, le président Jonhson fait bombarder le Nord-Vietnam. Les combats sont violents. En 1969, Ho Chi Minh meurt, des négociations de paix débutent à Paris. La guerre continue.

1975-1978 : à la chute de Saigon, le pays réunifié prend le nom de République Socialiste du Vietnam. L'exode des boat people commence. En 1977, le Vietnam siège à l'O.N.U. et signe un traité d'amitié avec l'U.R.S.S.

1978 -1979 : les troupes vietnamiennes marchent vers le Cambodge et renversent le gouvernement Khmer rouge de Pol Pot. La Chine réagit en envahissant le Nord Vietnam mais se retire après 3 mois de combats. Le Vietnam évacuera le Cambodge en 1989.

1979-1993 : lancement des programmes de libéralisation sociale et économique et normalisations des relations avec l'étranger.

1994 : levée de l'embargo américain.

de 1995 à nos jours : le pays se construit par des encouragements à l'investissement, une ouverture au tourisme et un accueil des Viet Kieu, les Vietnamiens exilés de 1975.

Informations pratiques

Adresses utiles

Ambassade du Vietnam : 62, rue Boileau - 75116 PARIS
• Tél. : 01 44 14 64 00 / 01 44 14 64 20 • Site : www.ambassade-vietnam.org
Service des visas : Tél. : 01 44 14 64 26 • Bureau d'informations : 69, rue de la Glacière • 75013 Paris • Tél. 0892 707 710

Grandes fêtes

• Fête nationale : 2 septembre (indépendance du Vietnam en 1945)

Divers

• Superficie : 333 000 km² • Population : 85 000 000 hab. • Capitale : Hanoï • Régime : communiste, parti unique
• Religions et croyances : Bouddhisme, Taoïsme, Christianisme, Caodaïsme, Islam, le culte des ancêtres est très répandu
• Langues : vietnamien • Monnaie : Dong • Décalage horaire : GMT - 5 h • Électricité 220 V (prise américaine dans le Sud uniquement)

Formalités

• Passeport en cours de validité. Visa obligatoire, un mois renouvelable.

Températures moyennes (°C) et précipitations (mm)

		J	F	M	A	M	J	J	A	S	O	N	D
Hanoï (Nord)	T° moyenne	17	18	20	25	28	30	30	29	28	26	22	19
	pluies	20	35	45	90	215	255	335	335	275	115	50	25
Da-Nang (Centre)	T° moyenne	22	23	24	27	29	30	29	29	28	26	25	23
	pluies	100	30	12	18	45	40	100	115	445	530	220	210
Saigon (Sud)	T° moyenne	27	28	29	30	29	28	28	28	27	27	27	26
	pluies	16	3	13	40	220	330	315	270	335	270	115	55
Températures de la mer (°C)													
Nha-Trang	T° moyenne	24	24	25	27	27	28	29	28	28	27	26	24

Tour opérator

SALAÜN HOLIDAYS propose différentes formules de découverte du Vietnam et du Cambodge.

Renseignements : SALAÜN HOLIDAYS : 38, rue de Quimper - 29 590 PONT-DE-BUIS - Tél. : 02 98 73 05 77 - Fax : 02 98 73 16 16
Internet : www.salaun-holidays.com - E-mail : salaun@salaun-holidays.com
Agences de voyages dans le Grand Ouest : à Brest, Guipavas, Quimper, St-Renan, Plabennec, Lannilis, Lesneven, Châteaulin, Pont-L'abbé, Fouesnant, Concarneau, Carhaix, Morlaix, Guingamp, St-Brieuc, Paimpol, Rennes, St-Malo, Vitré, Laval, Lorient, Nantes, Saint-Nazaire, La Chapelle-Sur-Erdre, Mayenne, Fougères, St-Lô, Alençon, Flers, Argentan, Saumur, Saint-Avertin, Joué-Les-Tours, Dreux et Paris.

Ses initiatives commerciales et son dynamisme de production ont permis à Salaün Holidays et Salaün Autocars de recevoir "l'Étoile du Tourisme" 1997 délivrée par la presse professionnelle. "l'Étoile de l'Image de Marque" 1999 délivrée par la presse professionnelle.

Sommaire

Conception graphique et photogravure
Marc Fouillard
Studio Géorama - Brest

Achevé d'imprimer en novembre 2008
sur les presses de l'imprimerie Cloître
29800 Saint-Thonan
N° d'édition : 008-2

ISBN : 978-2-915002-26-3
Dépôt légal : 4ème trimestre 2008

IMPRIMÉ EN BRETAGNE

Éditions Géorama
65, rue de Lyon - 29200 BREST
Tél. : 02 98 33 61 72 - Fax : 02 98 33 61 73
www.georama.fr